l'Yémèn, le porta à Dehly comme une grande rareté. L'auteur du *Dilkuchâ* nous apprend que les successeurs de Tymoûr conservèrent long-temps, et avec autant de jalousie que de soin, un seul et unique exemplaire de cet ouvrage, comme un précieux legs politique. Ils se le passèrent avec la couronne. Dans la suite des temps, cet ouvrage tomba entre les mains des empereurs turks de Constantinople, qui l'achetèrent très-cher ; mais ils ne permirent jamais aux nobles de leur cour d'en tirer des copies. » Voyez dans le *New asiatic Miscellany*, *the Institutes of Ghazan khan, p.* 165, *note* 2. Il est fâcheux que ce précieux Recueil, entrepris par M. Gladwin, et imprimé à Calcutta en 1789, n'ait pas été continué ; il n'en a paru que deux numéros qui sont très-rares.

Alphabet tartare-mantchou, composé d'après le Syllabaire de cette langue, avec des détails sur les lettres, dédié à l'Académie des belles-lettres, etc. Paris, 1787, in-4°.

C'est le premier ouvrage imprimé en Europe avec des types mantchous mobiles. Les Mantchous impriment à la manière des Chinois, avec des planches de bois gravées en relief.

Le même ouvrage a été réimprimé à la tête du premier volume du Dictionnaire (*Voy. p.* 411.), et il en a paru dernièrement, en 1807, une édition considérablement augmentée, et enrichie d'un petit caractère mantchou gravé comme le premier, sous la direction de M. L., par M. Firmin Didot, artiste justement célèbre, et traducteur aussi élégant que savant des Idylles de Théocrite et des Bucoliques de Virgile.

Contes, Fables et Sentences tirés de différens auteurs arabes et persans, avec un Discours sur la littérature orientale, et l'analyse du poëme de Ferdoussy sur les rois de Perse, 1788, in-8° et in-16, 1 vol.

Ambassades réciproques d'un roi des Indes, de la Perse, etc., et d'un empereur de la Chine, traduites du persan; avec la vie de ces deux souverains, et des notes tirées de différens auteurs orientaux, manuscrits et imprimés, in-8°, 1788.

Ce n'est ici que la seconde partie de la relation du voyage de A'bdoûl-Rizâq, ambassadeur de Châh-Rokh, fils de Tamerlan, auprès de Day Ming, empereur de la Chine. Le texte complet de cette relation conféré sur plusieurs manuscrits, paroîtra peut-être un jour avec une traduction.

Précis historique sur les Mahrattes, composé en persan par l'écrivain Hamédin (qui accompagna le colonel Upton dans son ambassade à Paunah), inséré dans les affaires de l'Inde, in-8°, 1788.

Fragment traduit de l'original persan, en dialecte de l'Hindoustân.

De l'importance des langues orientales pour l'extension du commerce, les progrès des lettres et des sciences ; Adresse à l'Assemblée Nationale, 1790, in-8°.

Cet ouvrage est le premier dans lequel on ait présenté en France l'étude des langues orientales sous le double point de vue d'utilité politique et commercial.

Dictionnaire Tartare – Mantchou - Français, composé d'après un Dictionnaire Mantchou - Chinois, par M. Amiot, rédigé et publié avec des additions et l'alphabet de cette langue, 1789 et 1790, 3 vol. in-4°.

« Si le hasard me procure l'acquisition de quelqu'un de ces

CATALOGUE

DES PRINCIPAUX OUVRAGES

DE M. LANGLÈS.

PARIS,

LE NORMANT, IMPRIMEUR-LIBRAIRE,

RUE DE SEINE, N°. 8, PRÈS LE PONT DES ARTS.

1811.

CATALOGUE

DES PRINCIPAUX OUVRAGES

DE M. LANGLÈS.

———

Iɴsᴛɪᴛᴜᴛs politiques et militaires de Tamerlan proprement appelé Tymoùr, écrits par lui-même en moghol, et traduits en français sur la version persane d'Aboù-Thâleb âl-Hhocëïny, avec la vie de ce conquérant, d'après les meilleurs auteurs orientaux, des notes et des tables historiques et géographiques, etc., 1787, in-8°, 1 vol.

M. Jones a révoqué en doute l'authenticité de cet ouvrage : il a cru pouvoir affirmer d'après des savans Musulmans de l'Inde, que l'on doit l'attribuer à un favori du conquérant tatar, nommé Hindou-Châh qui rédigea les *Instituts* d'après plusieurs entretiens confidentiels qu'il avoit eus avec son maître. L'opinion de M. Jones est sans doute d'un grand poids dans la question dont il s'agit ; mais le témoignage de M. Gladwin, son illustre et savant confrère à la Société de Calcutta n'est pas non plus à dédaigner. On nous permettra de transcrire la petite notice historique qu'il a composée sur cet ouvrage. «Le *Tozoùki-Tymoùry*, dit-il, fut présenté par un voyageur, à l'empereur moghol Châh-Djihàn, et traduit, par ordre de ce prince, du moghol en persan. Aboù-Thâleb, natif du Khorâçân, ayant obtenu ce manuscrit de la bibliothèque de Dja'fer, gouverneur de

» livres (chinois), traduits en tartare mantchou, je ne man-
» querai pas de lui faire passer les mers pour vous mettre à
» même de profiter du talent de M. L. dont j'ai lu les ou-
» vrages. . . . . . . Ce qu'il a fait sur la langue des Mantchous
» est très bien. . . . . . Je vous prie, Monseigneur, de lui
» présenter de ma part le juste tribut d'estime. . . . . et de la
» reconnoissance que je lui dois pour l'usage qu'il en a fait en
» faveur de la *Grammaire* et du *Dictionnaire* de la langue des
» Mantchous. . . . . . La *Grammaire* et le *Dictionnaire* que
» leur offre M. L., ouvriront une des portes par laquelle on
» pourra entrer à l'aise dans le vaste magasin de la litté-
» rature chinoise. . . . . . . *Lettre de M. Amiot à M. Ber-*
» *tin, ministre et secrétaire d'Etat, datée de Pekin, le* 10
» *octobre* 1788. »

Ce Dictionnaire est complétement publié, mais il devoit être
accompagné d'une table des mots français qui formeroit un Dictionnaire Français-Mantchou. Différentes circonstances ont
fait suspendre ce travail qui donnera un nouveau degré d'utilité
à cet ouvrage, et portera le 3e vol. à la grosseur des deux
premiers.

**Fables et Contes indiens, nouvellement traduits, avec
un Discours préliminaire, et des Notes sur la religion, la littérature, les mœurs, etc., des Hindous,
1790, in-8°. et in-16.**

Ce Recueil renferme la traduction du premier livre de
l'*Hitopadésa* du brâhmane Vichnou Sarmâ. L'Hitopadésa
est le prototype samskrit des fables attribuées à Pidpây, à
Locmân, etc. Cet ouvrage a été traduit en anglais par le savant
M. Wilkins, et publié à Londres en 1787, un vol. in-8°.

Voyages de C. P. Thunberg au Japon, par le cap de Bonne-Espérance, les îles de la Sonde, etc., traduit, rédigé, et augmenté de notes considérables sur la religion, le gouvernement, le commerce, l'industrie et les langues de ces différentes contrées, particulièrement sur le Javan et le Malais, 1796, 2 vol. in-4°, ou 4 vol. in-8°.

Les écrivains orientaux et les relations des anciens missionnaires, beaucoup trop négligées, ont fourni au traducteur des additions nombreuses sur les contrées lointaines savamment décrites par M. Thunberg. Il s'est surtout occupé des langues malaise, javane, japonaise, etc.

Collection portative de Voyages traduits de différentes langues orientales et européennes, contenant:

Voyage de l'Inde à la Mekke, par A'bdoûl Kérym, pélerin musulman, extrait de ses Mémoires écrits en persan, avec des notes géographiques, historiques, etc., 1795, vol. in-18, 1er vol. de la *Collection.*

Voyages de la Perse dans l'Inde, en 1442-44, et du Bengale en Perse, en 1787-88; le premier, traduit du persan, et le second de l'anglais, avec une Notice sur les révolutions de la Perse, un Mémoire historique sur Persépolis, et des notes, 1798, 2 vol. in-18, tome II et III de la *Collection.*

Le 1er Voyage est une relation d'A'bdoûl-Rizâq, le même personnage dont nous avons parlé, page 411, et que son souverain envoya en ambassade auprès du roi de Bisnagor en 1442 de Jésus-Christ.

Le second est de M. W. Franklin, officier de la Compagnie anglaise des Indes orientales, qui s'est acquis depuis cette époque une brillante réputation parmi les Orientalistes.

Voyage pittoresque de l'Inde, orné de 14 planches, par M. Hodges, dessinateur du capitaine Cook, traduit de l'anglais, avec des notes, 2 vol. in-18.

Ce Voyage forme les tomes IV et V de la *Collection*; le VIe ne tardera pas à paroître.

Voyage du Bengale à Pétersbourg, à travers les provinces septentrionales de l'Inde, le Kachmyr, la Perse, etc., suivi de l'Histoire des Rohillahs et de celle des Seykes, par feu George Forster, traduit sur l'édition anglaise de Calcutta, avec des additions considérables, et une Notice chronologique des khâns de Crimée, d'après les écrivains turks, persans, etc., 1802, 3 vol. in-8°, ornés de deux cartes.

La publication du Voyage de M. Forster a produit une grande sensation parmi les géographes. — Les khâns de Crimée n'ont jamais eu une existence politique assez importante pour attirer sur eux les regards des puissances européennes autres que la Turkie et la Russie, et surtout pour exercer la plume de nos historiens. Le dédain que ceux-ci leur ont témoigné avoit occasionné une lacune dans l'histoire de la partie nord-est de l'Europe. Il convenoit peut-être de la remplir avec le secours des écrivains turks et persans; lorsque ceux-ci ont abandonné l'auteur, il a eu recours aux correspondances diplomatiques du ministère des relations extérieures.

Catalogue raisonné des manuscrits samskrits que possède
la Bibliothèque Impériale, avec des Extraits d'un
grand nombre de ces manuscrits, par MM. Hamilton
et Langlès, in-8°, 1806.

Les manuscrits en langue samskrite ne forment pas la portion
la moins nombreuse ni la moins intéressante de la Bibliothèque
Impériale. Un très petit nombre de ces manuscrits avoit été
très inexactement indiqué dans le Catalogue des manuscrits
orientaux, publié en 1739 ; l'existence des autres étoit absolument inconnue du public.

Un estimable et savant Anglais, académicien de Calcutta,
M. Hamilton, s'est occupé, pendant son séjour à Paris, de
composer dans sa langue maternelle, un Catalogue complet
de ces manuscrits. M. L. a traduit et publié en français ce
précieux Catalogue, en y ajoutant des analyses et des extraits des ouvrages samskrits les plus importans ; et grâce à
ce travail, on peut enfin se former une idée claire et précise
du contenu des quatre *Véda*, des dix-huit *Pourana*, des
Sastra, en un mot, des différens traités théologiques, philosophiques, grammaticaux, des poëmes, des drames et des
contes des anciens Hindous.

Recherches sur la découverte de l'essence de rose,
Imprimerie Impériale, an XIII (1804), petit in-12,
1 volume.

Ce précieux parfum qui fait les délices des habitantes des
Hharem, et qui n'est pas moins recherché maintenant par
les Européennes, est une découverte due au hasard, et qui
ne remonte pas au-delà de l'année 1612 : c'est ce qui paroît
prouvé dans ce petit mémoire, d'après les citations de différentes
histoires de l'Hindoustân dont on rapporte les textes originaux.
Ces textes sont imprimés avec les beaux caractères orientaux
de l'Imprimerie Impériale.

Notice de trois magnifiques manuscrits orientaux
rapportés d'Egypte par S. M., et déposés par son
ordre à la Bibliothèque Impériale, in-8°, an VIII
(1796).

L'un de ces manuscrits est en langue turke, les deux autres
en langue persane.

Le manuscrit turk est intitulé : *Orient du bonheur et source de
la souveraineté dans la science des talismans;* par Sydy Mohhammed, en 990 de l'Hégire (1582 de J. C.) ; il renferme
des monumens astronomiques, astrologiques et géographiques,
avec des explications aussi étranges que les figures. Parmi les
nombreuses vignettes très soigneusement exécutées dont ce
manuscrit est orné, on distingue les vingt-huit mansions de la
lune dans les constellations et les planètes, cinquante – six
petits tableaux représentant les sept planètes et quarante-neuf
arts et métiers des Orientaux, le temple de la Mekke, le phare
ancien d'Alexandrie, surmonté du miroir, par le moyen du-
quel on découvroit à une grande distance, les tombeaux des
principaux saints vénérés par les Musulmans, au nombre de
dix-sept.

L'un des deux manuscrits persans renferme cinq poëmes du
célèbre Abdoûl-Rahhman Djâmy, mort en 891 de l'Hégire
(1486 de Jésus-Christ), connu surtout par son *Béháristán*
(séjour du printemps), ouvrage charmant dont M. L. a publié
de nombreux extraits. Les deux premiers poëmes ne renferment que des maximes et des apologues moraux; dans les deux
suivans, l'auteur a célébré les amours du chaste Joseph et de
la belle Zuléïkhâ et celles de Medjenoùn et de Léïlah, deux
sujets sur lesquels se sont exercés presque tous les fameux poëtes
arabes, turks et persans. Ces deux poëmes ont d'autant plus
de prix à nos yeux, qu'ils sont écrits avec tout le luxe de la
calligraphie orientale, et que nous n'en possédions à la Biblio-

théque Impériale que des copies incomplètes et mal conservées.
La cinquième partie du manuscrit intitulée : *Sagesse d'Alexan-dre*, renferme des anecdotes apocryphes et des lettres sup-
posées d'Aristote, d'Alexandre, etc.

Dans l'autre manuscrit persan, intitulé : *Conversation des Amans*, on trouve soixante-dix-neuf conversations sur l'amour,
tant en vers qu'en prose : ce sont des sentences et des anec-
dotes tirées de différens romans d'amour composés par **Djâmy**,
Feryd êd-Dyn, **El-Anvéry**, et autres célèbres poëtes persans.

Ce manuscrit a été exécuté sur papier rose par une **excel-**
lente main, mais on n'y trouve nul renseignement sur **le nom**
du copiste, ni sur l'époque de la transcription. Une **douzaine**
de vignettes peintes à la gouache, avec tout le fini et **toute l'im-**
perfection de dessin et de perspective qui caractérisent le **pinceau**
des Orientaux, représentent les scènes les plus **intéressantes**
de ces narrations poétiques.

Notice sur les travaux littéraires et typographiques des Anglais dans l'Inde, Mag. Encyc., tom. II, pag. 61-65, tom. III, pag. 480-503.

Le même Recueil périodique contient un assez grand **nombre**
d'autres Notices et Dissertations du même auteur, que le savant éditeur M. Millin, a toujours accueillies avec complai-
sance et amitié.

Dans les Mémoires de l'Institut, classe de littérature, tom. IV, pag. 115-141.

Dissertation sur les papiers-monnoie des Orientaux.

Un fragment assez considérable de l'histoire universelle **de**
Khondémyr, intitulée : *Hhabyb úl-Séïr*, forme la base de ce **mé-**
moire. On y voit qu'en 1274 et 1275 de notre ère, **un prince**

Moghol, Kaï-Khâtoù, qui régnoit à Tauryz sur la Perse sep-
tentrionale et occidentale, eut recours à des *cédules* absolument
semblables à nos papiers-monnoie, pour remédier à l'em-
barras de ses finances : il ne fut pas l'inventeur de cet expédient,
et ne fit qu'imiter les Chinois. Au commencement du même
siècle, et peut-être même à une époque antérieure, les monarques chinois avoient substitué aux valeurs métalliques des
monnoies fictives de papier qu'ils nommoient *Tchao*, parce
qu'elles portoient le sceau du monarque. Kaï-Khâtoù adopta
jusqu'à cette dénomination même pour ses papiers-monnoie
qu'il nomma *Djáoù*, ou *Tcháoù*.

Dans le tome V, pag. 192-228 *des Notices et Extraits*
des manuscrits.

Fragmens du Code de Djenguyz-Khân, tirés de la
     Grande Universelle de Myrkhond, n°. 104, de la
     Bibliothèque Impériale.

Ces fragmens, les seuls que l'on connoisse jusqu'à présent
du Code d'un des plus fameux conquérans, avoient pour la
plupart échappé aux recherches de Pétis de la Croix, auteur
d'une vie estimée de Djenguyz-Khàn.

Au texte et à la traduction des 34 articles de ce code,
sont joints des détails relatifs au Qouriltâï (cour plénière),
dans lequel le héros moghol prit le nom de Djenguyz-Khân,
et fut reconnu et salué Grand-Khân, et promulgua son code.
Ce monument curieux de législation moghole porte l'em-
preinte du génie de son illustre auteur, et paroît avoir servi
de base à la rédaction des *Instituts politiques et militaires de*
Tamerlan, écrits par lui – même, et dont la traduction est
indiquée au commencement de ce Catalogue.

Dans le tome V, pag. 668-688 *de la même Collection.*

Recueil de Lettres écrites en arabe, en turk et en persan par différens princes et souverains Othomans, Persans, Égyptiens, depuis 1304 jusqu'en 1517.

Ces lettres et diplomes contiennent une grande quantité de dates et de faits relatifs à l'histoire de la Turkie, de la Perse, de l'Egypte, et peuvent conséquemment contribuer à éclaircir plusieurs points historiques très importans.

La Notice indique le titre de toutes ces lettres au nombre de 90, et les faits les plus remarquables mentionnés dans quelques-unes. On distingue surtout celles dans lesquelles les sulthâns Orkhân Ier, Mourâd, Bajazet, Mohhammed Ier, Mourâd II, Mohhammed II, Sélym, rendent compte de leurs différentes expéditions contre les Grecs, les ordres donnés pour les réjouissances à l'occasion de la prise d'Andrinople, de Ssoufyéh, de Constantinople et de l'Egypte.

La correspondance entre Tamerlan et Bajazet n'est pas moins curieuse. Les lettres du prince moghol, quoique impérieuses, sont polies et mesurées, celles du sulthân remplies d'invectives, et sans dignité.

Dans le tome VI, pag. 320-386 *de la même Collection.*

Description historique du canal de l'Egypte (de Suez), tirée du Livre des Avis et Sujets de réflexions (ou Description de l'Egypte), par Al-Maqryzy.

De tous les écrivains arabes qui ont décrit l'ancien Canal de Suez, Al-Maqryzy est celui qui a recueilli les documens les plus certains et les plus complets. Après avoir rapporté sur l'antique origine de ce monument des fables qui prouvent qu'elle se perd dans la nuit des temps, il indique les empereurs romains et les princes musulmans qui le firent nettoyer et recreuser. Il nous apprend que ce canal étoit d'une grande utilité aux habitans du Hhedjâz et des deux villes sacrées, auxquels il procuroit en abondance toutes les productions de l'Egypte. Mais en 145 de l'Hégire (762 de Jésus – Christ), le khalyfe Aboù Dja'far Al-Manssoùr le fit combler, afin de réduire par la famine un rebelle qui avoit fait soulever une grande partie du Hhedjâz.

Le texte et la traduction de ce texte sont suivis de renseignemens puisés dans d'autres écrivains arabes et dans les voyageurs les plus estimés. Le même Al-Maqryzy et Aboùl-Féda, ont fourni à l'auteur une description fort étendue de la ville de Qolzoum qui a précédé celle de Suez, auprès de laquelle aboutissoit le canal d'Egypte. Il a recueilli aussi les témoignages de plusieurs géographes arabes, qui confirment de la manière la plus positive, la justesse de la conjecture formée par M. Gosselin touchant l'existence successive de deux villes nommées Qolzoum.

Dans le tome VII, p. 241–308 de la même Collection.

Recueil des usages (et cérémonies) établis pour les offrandes et sacrifices des Mantchous, rédigé par ordre de l'Empereur (ou Rituel des Mantchous), avec dix planches, représentant 65 instrumens et ustensiles du culte chamanique, tiré séparément, in-4°, 1804.

La traduction est placée en regard du texte mantchou.

Dans le t. VIII , p. 1ere-131 , *de la même Collection.*

Table chronologique des crues du Nil les plus remarquables, depuis l'an 23 jusqu'en 922 de l'Hégire
(613-1517 de J. C.), tirée de la cosmographie
de Mohhammed ben Ayâs , tiré séparément ,
in-4°, 1807.

Malgré le peu de confiance que méritent les proclamations du
gardien du Méqyâs, qui indiquent les crues du Nil, cette table
peut avoir quelque utilité , et même quelque intérêt à cause
des détails qu'on y trouve relativement aux famines , pestes
et autres fléaux occasionnés par la surabondance ou l'insuffi-
sance des crues.

Cette Table est précédée d'une analyse et d'extraits de la
même cosmographie , collationnés sur trois exemplaires.

N O T A.

« *La Description du canal de Suez* , *le Rituel des Mantchous* ,
» la *Table chronologique des inondations du Nil* , peuvent être
» regardés comme des ouvrages complets , et qui étoient d'au-
» tant plus susceptibles de concourir pour les prix décennaux ,
» que l'on ne peut pas même supposer que Sa Majesté ait
» eu l'intention d'exiger que l'on traduisît en entier les trois
» volumes *in-folio* d'Al-Maqryzy, les six taos du Rituel des
» Mantchous , etc. Il s'agissoit , sans doute , de tirer de ces
» volumineuses compilations un ouvrage complet ; et cependant
» on a enveloppé ceux dont il s'agit dans l'anathème lancé
» contre les *Extraits.* Cet anathème, à la vérité, n'a pas
» été irrévocable pour tous les concurrens..... Mais je ne
» m'appesantirai pas plus long-temps là-dessus. Il me suffit de
» consigner ici cette observation , et je persisterai dans le
» silence que j'ai gardé pendant toute la discussion qui a eu
» lieu dans la troisième classe de l'Institut dont j'ai l'hon-
» neur d'être membre , et où je n'ai pas cru conséquem-
» ment pouvoir discuter mes propres intérêts. » (L-s.)

Recherches asiatiques, ou Mémoires de la Société
établie au Bengale, pour faire des recherches sur
l'histoire, les antiquités, les sciences, les arts et
la littérature de l'Asie, revus et enrichis de notes
par L. Langlès pour la partie orientale, et par
MM. Delambre, Cuvier, de Lamark, Ollivier,
pour les sciences exactes et naturelles, etc. Paris,
Imprimerie Impériale, 1804, les deux premiers
vol. in-4°.

Les manuscrits orientaux de la Bibliothèque Impériale ont
fourni de nombreuses notes pour cet ouvrage qu'on a tâché
de mettre au niveau des connoissances acquises par les savans
Anglais eux-mêmes et les autres orientalistes de l'Europe,
depuis la publication de ces deux volumes à Calcutta. Tous les
textes arabes, persans, tibétaires, éthiopiens, samskrits, cités
dans les additions, sont imprimés en caractères originaux : on
a même gravé exprès, et sous la direction de M. L., un caractère bengaly, qui ne le cède pas en beauté à celui de Calcutta.

Mémoire sur Alexandrie, sur la bibliothèque de
cette ville, etc. ;
— sur les pyramides et sur le sphinx ;
— sur les différens nilomètres de l'Egypte ;
— sur les Oasis et la langue que l'on y parle.

Ces différens mémoires dont les quatre premiers se trouvent
à la suite de la nouvelle édition du *Voyage de* |*Norden*, publiée
par M. L. en trois vol. in-4°., et le quatrième à la fin du
Voyage de Hornemann, publié également par lui en deux
vol. in-8°, sont entièrement composés d'extraits de différens
auteurs arabes, principalement d'*Al-Maqryzy*.

Monumens anciens et modernes de l'Hindoustân en cent cinquante planches, décrits avec des recherches sur l'époque de leur fondation; une Notice géographique et une Notice historique de cette contrée.

> *Il existe de nobles restes de l'architecture des Hindous et des Musulmans, et je ne serois pas éloigné de croire que ces mêmes ruines fourniront à nos architectes de nouvelles idées du beau et du sublime.* Sir WIILIAM JONES.

Trois vol. in-4°, ornés de 150 planches, gravées sous la direction de M. Boudeville, peintre.

PLAN DE L'OUVRAGE.

Les doutes élevés depuis quelque temps par plusieurs savans, touchant la haute antiquité qu'on attribue en général aux monumens d'architecture et de sculpture hindous, les preuves et les raisonnemens que ces savans présentent à l'appui de leur scepticisme, semblent donner à ces monumens un nouveau degré d'importance et d'intérêt, puisqu'ils deviennent maintenant des objets de recherches et de discussions aussi curieuses que profondes. Nous n'avons pas la prétention de résoudre une question qui nous semble devoir rester encore long-temps indécise; mais l'on me saura gré, peut-être, d'avoir recueilli avec soin et de présenter sous un seul point de vue les pièces littéraires et *monumentales* de cet important débat. Quel qu'en soit le résultat, on ne pourra contester aux monumens dont il s'agit la majesté des masses, l'originalité, la variété, quelquefois même l'élégance des formes; peut-être sera-t-on aussi surpris de leurs nombreuses mais inexplicables conformités avec ceux de l'Egypte et du Mexique : conformités que nous aurons soin d'indiquer toutes les fois qu'elles nous paroîtront assez frappantes pour que l'on ne puisse nous soupçonner de prévention ou de système.

L'extrême difficulté, disons même l'impossibilité de ranger suivant l'ordre chronologique ces antiques monumens d'architecture et de sculpture, nous a déterminés à les présenter dans cet ouvrage selon leur position géographique et respective du midi au nord.

Combien nous regrettons de ne pouvoir donner seulement la simple nomenclature des contrées, abondantes en monumens, et fertiles en grands souvenirs, que nous aurons à parcourir, en passant alternativement de la côte de Coromandel à celle de Malabar, en parcourant le Bengale et le Béhâr, province qui, comme semble même l'indiquer la signification de son nom (*Béhâr* ou *Véhâr*, pagode), passe pour avoir été le berceau ou au moins le chef-lieu de la religion de Brahmâ.

Non loin de cette province, nous trouverons une ville encore plus recommandable par l'érudition de ses Brâhmanes que par ses antiquités; et c'est là que nous voulions terminer notre promenade scientifique à travers l'Hindoustân. Bénarès doit être en effet le but de tous ceux qui, fidèles et modestes imitateurs des pihlosophes grecs, persans, arabes et tibétains, recherchent avec plus d'avidité la science des Indiens que les produits de leur sol ou de leur industrie : mais à quels reproches ne nous exposerions-nous pas, si le lecteur cherchoit vainement le nom de Dehly sur notre carte, et quelques détails relatifs à cette capitale de l'Hindoustân dans notre texte ? Les monumens qu'elle contient sont, j'en conviens, très-modernes ; mais, loin de les exclure, le titre et le plan de notre ouvrage semblent nous prescrire de choisir parmi tous les monumens élevés par les Musulmans et même par les Européens, ceux que leur exécution et que leur site pittoresque surtout rendent dignes d'une attention particulière. Ces trois styles d'architecture et de sculpture, dont les différences sont fortement tranchées, répandront une grande variété dans nos gravures, et nous ont paru exiger un peu plus qu'un texte purement explicatif. Nous essaierons donc de donner quelques notions géographiques sur les contrées où sont situés ces monumens, de découvrir l'époque à laquelle ils furent élevés, le nom de leurs fondateurs, et d'indiquer leur destination. Nous croyons que cette partie de notre travail, dont il est aisé d'ailleurs de sentir toute l'importance, eût été en général peu intelligible, si nous ne l'eussions fait précéder d'une *Notice géographique* et d'une *Notice historique de l'Hindoustân, ancien et moderne*. La première des deux *notices*, accompagnée d'une grande carte, en deux feuilles, dressée d'après celles de MM. Rennell et Arrowsmith, par M. Lapie, capitaine ingénieur, présentera la division ancienne de l'Inde, conformément au système des Brâhmanes, et une description abrégée de l'Inde moderne. Quelques por-

traits des monarques les plus célèbres de cet empire,
Hindous et Musulmans, gravés d'après des miniatures
exécutées par des artistes indiens, orneront la seconde
partie. Nous tâcherons d'y présenter avec exactitude
et clarté, autant qu'il dépendra de nous, le très petit
nombre de documens historiques que renferment les
ouvrages samskrits, parmi lesquels, tout nombreux et
variés qu'ils sont, il ne se trouve pas une seule histoire
proprement dite, ni un seul traité géographique : cette
remarque est d'autant plus décourageante qu'elle est
rigoureusement vraie.

Nous réservons pour le *Discours préliminaire*, qui
formera une espèce d'*Introduction* à tout l'ouvrage,
le précis analytique des principales cosmogonies des
Hindous, de leurs dogmes religieux, de leurs nombreux systèmes philosophiques. Ces recherches et les
rapprochemens qui en résulteront, ne nous empêche-
ront pas de jeter un coup d'œil rapide sur la littérature
samskrite, les avantages que présente l'étude de cette
langue, ainsi que la connoissance des caractères *déva-
nágary* (ou sacrés), dont on se sert pour l'écrire.

Ce plan, comme on voit, n'a rien de commun avec
celui qu'ont adopté MM. Gough, Crawfurd, Holmes,
Hodges, Colebrooke, Pennant, Maurice et Daniell,
pour des ouvrages relatifs, comme le nôtre, aux monumens d'architecture et de sculpture hindous. Loin de
prétendre, par cette observation, déprécier des travaux
dont nous sentons, peut-être mieux que qui que ce
soit, toute l'importance, nous saisissons avec empres-
sement l'occasion de payer aux auteurs un tribut public

et bien sincère d'estime et de reconnoissance; et nous prenons ici l'engagement solennel de les citer très-exactement toutes les fois que nous les mettrons à contribution.

A ces citations, nous en joindrons d'autres qui auront aussi leur intérêt et leur autorité. La connoissance de quelques langues asiatiques nous ouvre une mine jusqu'à présent trop peu exploitée, surtout en France. Pour se former une idée des immenses richesses que renferme cette mine presque vierge, il suffit de parcourir rapidement le Catalogue des manuscrits orientaux de notre Bibliothèque Impériale, celui des manuscrits de S. Germain-des-Prés, de MM. Genty, Brueix, Anquetil du Perron, etc. etc., dont cette Bibliothèque s'est enrichie successivement; enfin le *Catalogue des manuscrits samskrits et bengalis*, de la même Bibliothèque, publié dernièrement en un volume in-8°.

Après avoir vanté, avec raison, les inappréciables ressources que nous trouvons dans la plus nombreuse et surtout dans la plus précieuse collection de manuscrits orientaux qui ait jamais été formée dans toute l'Europe, et qui existe maintenant dans le monde entier; collection que nous voyons depuis plus de vingt ans prendre chaque jour de nouveaux accroissemens, ne seroit-il pas inconvenant, peut-être même ridicule, de citer notre bibliothèque particulière, puisque nous n'avons épargné ni recherches, ni sacrifices, pour rassembler tous les ouvrages relatifs à la littérature orientale, textes originaux ou traductions publiés en Europe et en Asie? Nous croyons pouvoir au moins indiquer ici nominativement, à cause de son importance, un précieux manuscrit persan que nous possédons. Il est autographe, et nous osons dire unique; car le petit nombre de copies qu'on a essayé d'en tirer sont et devoient être très imparfaites, à cause de l'énorme quantité de tableaux statistiques, de tables de chiffres, etc. qu'il contient. Cet ouvrage, intitulé *Ayïn Akbéry*, ou Institutes d'Akbar, renferme la description de l'Inde; description la plus complète et la plus minutieuse qu'on ait jamais faite d'aucune autre contrée. L'idée et le plan de ce bel ouvrage furent conçus par le grand moghol Akbar, qui en confia l'exécution à son premier vézyr, Aboùl-Fazel, célèbre encore aujourd'hui dans l'Hindoustân par son immense érudition, et par la protection que trouvoient auprès de lui tous ceux qui cultivoient les sciences, les lettres ou les arts. On peut juger des heureux résultats qu'il obtint lui-même de son zèle et de ses soins généreux, par l'exécution de notre manuscrit, soit pour la partie littéraire, soit pour la peinture et l'écriture: c'est le même qui fut présenté à Akbar en 1596, et que l'on conservoit dans la bibliothèque impériale de Dehly. Un concours de circonstances assez extraordinaires, dont je rendrai compte, l'a fait passer de cette bibliothèque dans la mienne, où je le garde comme le gage de l'amitié qui m'unissoit à un brave et savant officier, l'un des premiers fondateurs de l'académie de Calcutta. Au reste, on peut se former une idée de l'importance de l'*Ayïn Akbéry*, par l'abrégé traduit sur une copie peu exacte et publié en anglais, à Calcutta, par M. Gladwin, en 1783—6, trois petits volumes in-4°, réimprimé à Londres, sous le même format et in-8°, 2 vol., et par les extraits, en caractères originaux, accompagnés de la traduction, qui sont répandus dans le cours des notes et additions que j'ai faites à la traduction française des deux premiers volumes des *Recherches asiatiques*, cités pag. 422.

Les relations religieuses et politiques qui subsistent depuis un temps immémorial entre l'Hindoustân et le pays de Kachemyr nous auroient peut-être déterminés à faire une excursion jusque dans cette délicieuse contrée, nommée, avec raison, le paradis de l'Hindoustân ; mais les monumens que Bernier et Forster ont remarqués dans cette espèce de vallée sont si peu nombreux et surtout si peu importans! En outre, lancés une fois au-delà des limites de l'Hindoustân proprement dit, le moyen de résister au desir de faire d'autres excursions, dont le résultat eût été bien plus satisfaisant que celle que nous aurions entreprise à travers les montagnes presque inaccessibles qui défendent l'entrée du Kachemyr. L'île de Ceylan, celles de Java et de Sumatra, le pays des Birmans, le royaume d'Ava, celui du Peygou, ont de grands droits, par les monumens qu'ils renferment et dont nous possédons de nombreux dessins, à l'attention des savans et des artistes. Nous ne renonçons pourtant pas à l'espoir d'en former un appendice à l'ouvrage que nous allons publier, et vers lequel nous devons aujourd'hui diriger exclusivement toute notre attention et tous nos soins.

Il sera composé de cent cinquante planches, d'une carte géographique, en deux feuilles, format colombier, et d'environ 640 pages de texte; le tout distribué en trois volumes in-4°, *nom de Jésus*.

Le nom de M. Lapie, et ceux des deux géographes qu'il prend pour guides, répondent assez de l'exactitude de la carte, dont il veut bien également surveiller la gravure. La première livraison de cet ouvrage va paroître.

Voyages du chevalier Chardin, en Perse, et autres lieux de l'Orient, enrichis d'un grand nombre de belles figures en taille-douce, représentant les antiquités et les choses remarquables du pays. Nouvelle édition, soigneusement conférée sur les trois éditions originales, augmentée d'une Notice hisrique de la Perse, depuis les temps les plus reculés jusqu'à ce jour, de Notes, etc.

Bibliothèque Impériale, mai 1811.

FIN.

www.ingramcontent.com/pod-product-compliance
Lightning Source LLC
LaVergne TN
LVHW021744030726
842523LV00003B/897